मौन के स्वर

मीनू गुप्ता

Copyright © Meenu Gupta
All Rights Reserved.

This book has been published with all efforts taken to make the material error-free after the consent of the author. However, the author and the publisher do not assume and hereby disclaim any liability to any party for any loss, damage, or disruption caused by errors or omissions, whether such errors or omissions result from negligence, accident, or any other cause.

While every effort has been made to avoid any mistake or omission, this publication is being sold on the condition and understanding that neither the author nor the publishers or printers would be liable in any manner to any person by reason of any mistake or omission in this publication or for any action taken or omitted to be taken or advice rendered or accepted on the basis of this work. For any defect in printing or binding the publishers will be liable only to replace the defective copy by another copy of this work then available.

चूंकि,,, पुस्तक का कविताओं के बिना, कविता का कलम के बिना अस्तित्व सम्भव नहीं हो सकता है और कलम उठाने का सारा श्रेय मुश्किलों को जाता है! अब क्योंकि मुश्किलों का जीवन के बिना और जीवन का माता पिता तथा परिवार के बिना अस्तित्व सम्भव नहीं हो सकता! अतएव मैं अपनी ये पुस्तक मेरे आदरणीय माता-पिता, श्रीमती ममता गुप्ता एवं श्री रघुवीर प्रसाद गुप्ता तथा मेरे छोटे भाई राहुल गुप्ता को समर्पित करती हूँ...

क्रम-सूची

प्रस्तावना	vii
...	ix
1. श्री गणेश वंदना	1
2. सम्भव है!	2
3. प्रभात कविता	4
4. जीवन	6
5. प्रेरणा के स्वर	7
6. भविष्य	9
7. माँ	10
8. विछोह	11
9. मजदूर	12
10. चार	14
11. भ्रूण की पुकार	15
12. कन्यादान महादान	17
13. हाँ! मैं अपसकुन मानती हूँ...	19
14. जरूरी है	21
15. कान्हा मेरे	23
16. प्रेम	24
17. ईश्वर और प्रेम	26
18. पाती प्रेम की	27
19. चाहत	29
20. नेह	30
21. असमंजस	32
22. देखो तों सही	33

• v •

क्रम-सूची

23. तुम बन जाना 34

24. काश! ऐसा सच में हो जाता 36

25. मशवरा-ऐ-मोहब्बत 37

26. तालीम 38

27. इक नन्हीं चुहियां 39

28. गज़ल 40

29. ख्वाबों की महफ़िल 41

30. लड़कियां... 42

31. भूख 43

32. अवसाद 44

33. अपना-अपना 46

34. सिपाही 47

35. कथन 48

प्रस्तावना

वैसे तो मीनू जी की रचनाओं को किसी प्रस्तावना की जरुरत ही नहीं है। पर फिर भी प्रस्तावना लिखने का एक अलिखित शास्त्र आज के युग में बन चुका है, तो इसी के लिए यह शब्दप्रपंच।

सामान्य शब्दों में असामान्य तथा गहरी बातें कह देना ही इनकी खासियत है, और यही इनकी कलम को सुशोभित करता है।
जैसे यह पंक्ति...

खुद को बंद न करो इन छातों, खिडकियों में,
आसमान से उतरती है यह बूंदे भिगोने आपको।
मीनू

मीनू जी बचपन से ही सीधी, सरल, शांत स्वभाव की रही है। तो इन्हें पढ़कर ही आप इनको जान सकते हैं।

यही एक तरकीब है जो राज उसके खोलती है।
खामोश-मिजाज लड़की है, कलम से अपनी बोलती है।
दास...

मीनू जी, उभरते हुए युवाकवियों में से ही एक है पर, जहाँ ज्यादातर इन उभरते सितारोंमें (युवकवियों में) कविताएं, "प्रेम" इस एकमात्र विषय में ही सिमट गई है, वहाँ मीनू जी की कलम हर एक विषय को छू रही है, यह बात वाचकों को इस पुस्तक वाचन के वक्त प्रतीत होगी।

कल्पना किजिये की किसी मूक व्यक्ति को ऐसा वरदान मिल जाए की वह एक दिन के लिए बोल सकता है, तो वह व्यक्ति उस एक दिन में, क्या कुछ नहीं बोलेगा। वो कोशिश करेगा की हर एक विषय के प्रति अपनी बात वो रखें। बस यही है "मौन के स्वर". यह पुस्तक आपको अभिप्रेरणा (motivation), , समाज के प्रति की चिंता तथा प्रेम जैसी अनेकों विषयों की एक अद्भुत सैर कराएगा यह मैं निश्चितता से कह सकता हूं।

©कवि श्री देविदास जी सराफ (दास) , बीड महाराष्ट्र

...

जब द्वन्द से घिरा हो मन
उलझनें भी हो उफान पर
अजनबी लगें जहान सारा
तोड़ दे जब दम जुबां
हर कण, भीतर शोर मचा हो
तड़प उठे उंगलियां
और फूट पड़े स्वर....
मौन के स्वर

1. श्री गणेश वंदना

लम्बोदर, गजबदन, विनायक
शत्रु संघारक, दीनो के पालक
चंचल नेत्र, सूंड है भारी
सूरत निर्मल, भोली-भाली
मस्तक चंद्र, पीताम्बर पीला
अद्भुद, अनुपम इनकी लीला
ज्ञान, विवेक, बुद्धि के दाता
शंकरसुत, गौरी है माता
प्रथम पूज्य श्री आदि गणेश
रिद्धि-सिद्धि के वो प्राणेश
शुभ-लाभ है जिनके नंदन
चरणों में सादर अभिवंदन
केथ, जम्बू, मोदक है खाते
लाल पुष्प जिनके मन भाते
मूष सवारी, अस्त्र पाश
पूर्व दिशा में जिनका वास
मात-पिता में विश्व दिखाया
अमूल्य पाठ जीवन का सिखाया

2. सम्भव है!

सम्भव है
इस सकल ब्रह्माण्ड में
कोई तुम्हारी बात न सुन पाए!
सम्भव है
इस सकल ब्रह्माण्ड में
तुम किसी से कुछ न कह पाओ!
सम्भव है
इस सकल ब्रह्माण्ड के
अगणित प्राणियों में से कोई एक भी
तुम्हें नहीं समझ पाए!
सम्भव है
इस सकल ब्रह्माण्ड में
सिर्फ एक तुम्हें समझने वाला प्राणी ही
तुम्हारी पहुंच से दूर रह जाये!
सम्भव है
इस सकल ब्रह्माण्ड की
उपस्थिति में भी
तुम तन्हा रह जाओ!
तब तुम कविताओं का रुख लेना
तुम पाओगे
न जाने कितनी ऐसी कविताएं
जो बस तुम्हारें लिए लिखी गई है
विचारों के गर्भगृह से उत्पन्न
शब्दों से परिपोषित

तुम्हें कांधा देने को प्रस्तुत होगी!
तुम पाओगे,,
कि
यद्यपि भावनाओं का उदगम्
प्राणियों से हुआ है
परन्तु,
इनका संग्रह केवल कविताओं ने किया है!

3. प्रभात कविता

नव प्रभात की भोली किरणे
बदली से फिर झाँक रही है
हुई भोर अब जागो प्यारे,
राहे तुमको बुला रही है
पंछी कूक उठे डाली से
आतुर है कलियाँ खिलने को
विदा हो चुका कबका चंदा
सूरज आया है मिलने को
किस मधुस्वप्न में खोये तुम
तुम शिथिल और लाचार पड़े
पट पलकों के अब तो खोलो
देखो, कितने है काम डले
शीतल, मंद स्पर्श पवन का
बस तुमको उलझाता है
तुम इसमें खोते क्यों जाते
ये तुमको अलसाता है
रात सुनाई थी जो कविता
ओ! धीर-वीर तुम नायक थे
अभिमन्यु कुछ वाल्मीकि से
तुम तो कोई विशारद थे
जो सपन सलोने देखे थे
साकार तुम्ही को करना है
उन सपनों के खातिर प्यारे
पहले तुमको जगना है

मीनू गुप्ता

उठ जाओ, अब शैया छोड़ो
मंजिल आस निहार रही है
हुई भोर अब जागो, प्यारे
राहें तुमको बुला रही है

4. जीवन

उस दिन
जब तुम
मरणाशन् होंगे
कुछ शब्द
भावनाएं
समर्पित की जायेगी तुम्हें
उन शब्दों का चयन
जनसमूह का प्रलाप-
जुटाने की
कालअवधि
जीवन है!

5. प्रेरणा के स्वर

जो करना है तू कर अभी
कल न आएगा कभी
तू देखता है ओर जिनके
वो देखते तुझको सभी
तू कर अभी तत्काल कर
यूँ वक़्त न बरबाद कर
सांसे है बस चंद तेरी
इनको तू इतिहास कर
सुन लक्ष्य से आती ध्वनि
प्रतिकार कर तू प्रतिध्वनि
तज अलस, तू तोड़ धागे
आयाम बन कहती अवनि
तू राह कल की देखता है
कल काल का नहीं देखता है
कल मृत्यु होगी समक्ष तेरे
तू यें नहीं क्यों सोचता है
हुआ बहुत विश्राम अब
करना तुझको कुछ काम अब
है वजह कुछ जन्म की
करनी है जो साकार अब
बनना है तुझको शिखर
तू जिद बना, खरा उतर
तू श्रोत है प्रेरणा का कल
आज स्वयं प्रेरणा तू बन

उठ तू उठ कदम बढ़ा
कदमो को थोड़ा ओर बढ़ा
कदम-कदम कदमों से तू
बन जाये जब तक बड़ा
जो करना है तू कर अभी
कल न आएगा कभी
तू देखता है ओर जिनके
वो देखते तुझको सभी

6. भविष्य

हथेलियाँ रंग चुकी है स्याही से
कलम उंगलियों में जाकर फंसी है
बिखरी पड़ी है किताबें मेज पर
और ख़्वाहिशे ज़िद पर अड़ी है
रात-दिन गुजरते है पहर से
मौसम भी न अब कोई इशारा देता है
उलझें रहते है हम शब्दों के सफर में
और पहिया वक़्त का चलता रहता है
बूँद लहू की पानी बन
माथे से ज़ब टपक जाती है
गूँज कामयाबी की कानों में
तब उल्लास नया भर जाती है
पल-पल प्रतिपल हरपल मंजिल
संघर्ष कठिन मांगती है
लापरवाही बेपरवाही
से वो दूरी बनाती है
गिरवी रख नींदों को अपनी
साकार स्वपन को करना है
मंजिल मंजिल हाँ ये मंजिल
मुझको हासिल करना है
वर्तमान का ये अथक प्रयास
उज्जवल भविष्य बनाएगा
मुरझा चुका है जो चेहरा आज
देखना, इतिहास नया रचाएगा

7. माँ

मर्मज्ञ कहा करते थे-
"माँ के भीतर भी एक ईश्वर बसता है"
इसीलिए,
माँ के प्रायः ईश्वर के समक्ष
झुकने तथा मांगने की गुत्थी
मुझें सदा से ही निरर्थक लगी
ईश्वर की लीलाओं को समझ पाने का बोध
इतना सरल जो नहीं होता
मैं कभी समझ ही नहीं पाई
कि
झुकना क्रिया नहीं
अपितु "कला" है
मेरे मूढ़ मस्तिष्क की धमनी बंजर सी प्रतीत हुई
जब मुझें ये अनुभव हुआ
कि
देने के क्षेत्र का विस्तार इतना बड़ा भी होता है
कि मांगकर भी दिया जा सकता है...

8. विछोह

वक़्त हुआ विछोह का प्रीतम
अब तुम मुझको जाने दो
भारत माता की सेवा मे
मुझको जान गवाने दो
गूँज रही शहनाई रण मे
मुझको बिगुल बजाने दो
कांप उठे दुश्मन भी जिससे
रनचंडी बन जाने दो
जनम जनम के साथी है हम
इक बार ये साथ निभा जाओ
मेरी प्रीत के ही खातिर बस
देह दूरियां सह जाओ
सुहाग और सिंदूर से आगे
कर्म का पलड़ा भारी है
दोनों फर्ज निभाऊंगी मैं
पर पहले कर्म की बारी है
तिरंगे की इस आन को कभी
मिट्टी में ना मिलने दूंगी
मिट्टी हो जाये देह मेरा
पर इस शीश को ना झुकने दूंगी
वादा रहा वादा रे साथी
दुल्हन तेरी ये आएगी
लहू में रंगकर दुश्मन को
अभिमान तेरा बन जायेगी...

9. मजदूर

नहीं जानता वो किसी
आइंस्टीन को,
और न ही परिचित है
वो किसी बृहस्पति से
न वो महाराणा की वीरता जानता है
न ही चाणक्य की नीति
प्रेरणा, धर्म, हौसला सब उसके
भूख से बिलबिलाते बच्चे
परिवार और टपकती छत ही है
जिसके सहारे लड़ जाता है वो
सूरज की बेरहम धूप से
मेघों के प्रकोप से
बर्फ के कहर से
और जीत के ले आता है
अपने परिवार का निवाला
पाठशाला का मुँह भी न देखा
उसने कभी
लेकिन,
शादीशुदा बहन का दहेज
बनिए का उधार
साहूकार के कर्ज की
गणना वो रोज करता है
वो उम्र से पहले
अधेड़ हो चुका शख्स

सुलगती बीड़ी से सुकून लेकर
अपनी पहचान मजदूर शब्द में
अक्षर 'द' के स्थान पर
अदृश्य 'ब' का भयावह रूप देखकर
फिर से ईटे उठाने लग जाता है
जिंदगी से शिकायतें करने का
वक़्त नहीं है उसके पास
अवसाद तो उसकी
छैनी, हथोड़ी
से कोसों दूर रहता है
इक्छाएं, ख्वाहिशे
उसे जिम्मेदारियों का
बोझ उठाते देख
परेशान नहीं करती
सावन के झूले
बसंत की बहार
अब तक उसे सम्मोहित
नहीं कर सकी
काली अंधेरी रातों में भी वो
चाँद को नहीं निहारता
महबूबा के ख़्वाब उसके
पास भी नहीं फटकते
बचा-खुचा आधे पेट खाकर
अगले दिन का
खाका बना
सो जाता है वो
थकान की आगोश में...

10. चार

क्षत्रिय, पंडित, वैश्य और शूद्र
कहने को तो बस जातियाँ चार है
जरा गौर से देखो इनको
तो इनमें छिपी जातियाँ हज़ार है
हिन्दू, मुस्लिम, सिक्ख, ईसाई
कहने को तो धर्म भी चार है
पर इन धर्मों में भी छिपे
धर्म के अनगिनत रूप हज़ार है
चार लोग कहने वाले
हर साल जो आते है मौसम चार है
पर यहाँ बदलते लोगों के साथ
बदलते चेहरों के मौसम हज़ार है
चार पाए आने के लिए
तो चार जाने के लिए भी तैयार है
आते-जाते जीवन में
मिलते है जो वो कंधे हज़ार है
हाथों की उंगलियां चार है
जिनसे करते हम गिनतियाँ हज़ार है
कहने को तो बस ये सिर्फ एक अंक चार है
पर समझने बैठो तो इस चार के भीतर छिपे हज़ार है...

11. भ्रूण की पुकार

इसके पहले कि ये समाज
जकड़े मुझे कुरीतियों में
बनाये ज़ुल्मों का शिकार
करें अत्याचार
तुम मार देना मुझे माँ!
क्या करूंगी इस दुनिया में आकर
कैसे लड़ूँगी इस सबसे
अशिक्षा, बाल- विवाह
फिर विवाह,,,,
ये जाने बिना
समझे बिना
कि क्या मैं इसके योग्य हूँ???
सहमति है क्या इसमें मेरी???
दहेज़ प्रथा...
घरेलू हिंसा...
कभी मिट्टी का तेल,
कभी फांसी का फंदा
और इन सब के साथ-साथ
निरंतर होती रहेगी
एक सामान्य घटना
जो कि भेद देगी मेरी आत्मा तक को
पर इजाजत न होगी
मुझे प्रतिकार करने की

मौन के स्वर

स्वीकारु प्रस्ताव तो बदचलन
मना करू तो तेजाब
हर शख्स होगा प्यासा
जिसे होगी सिर्फ जिस्म की तलाश
कभी भी, कही भी
घसीट ली जाउंगी
खींच ली जाउंगी
चीखना चाहूंगी
पर मुँह पर रखे हाथ से
सदा के लिए खामोश हो जाउंगी
ऐसी दर्दनाक मौत से पहले
तुम ही मार दो माँ
इसके पहले कि
जमाना मारे मुझे पल-पल
तुम पल भर में ही मार दो माँ
इस दुनिया की हैवानियत से बचा लो, माँ
माँ!! तुम मुझे कोख में ही मार दो
माँ,,,,,,,,

12. कन्यादान महादान

अब वो बड़ी हो गई है
आँख
नाक
कान
कद-काठी
रूप-रंग
बन गई है
अब वो पहचानी जाती है
कढ़ाई से
बिनाई से
सहने की शक्ति से
चौके की भक्ति से
सजा के
संवार के
समझा के बुझा के
मूर्तिमान बना कर
बिठाई जायेगी अब किसी के समक्ष
देखकर उसे
बोली लगेगी
शर्ते होगी
सौदा होगा
पेंट-शर्ट में बैठे
एक दूसरे पाषाणबिम्ब के साथ

साहूकार अब
परिचित होगा
जमीन से
गहनों से
मजबूरी से
खैर,
मंडप सजेगा
डोली उठेगी
आँसू बहेंगे
चिंता मिटेगी
खैर,
बेटियां तो लक्ष्मी होती है
और
कन्यादान महादान!!!!!!!!!!!!

13. हाँ! मैं अपसकुन मानती हूँ...

हाँ! मैं अपसकुन मानती हूँ
प्रतिभावान का प्रवासी हो जाना
आतंकवाद को शरण मिल जाना
कर्मचारियों का रिश्वतखोर हो जाना
युवाओं का बेरोजगार हो जाना
हाँ! मैं अपसकुन मानती हूँ
व्यसनों का व्यापार बढ़ना
भिखारियों की तादाद बढ़ना
शिक्षा का अभाव होना
अंधविश्वास का पैर जमना
हाँ! मैं अपसकुन मानती हूँ
सैनिक का अपमान होना
किसान का फांसी लटकना
वृद्धाश्रम का निर्माण होना
स्त्रियों के साथ दुष्कर्म होना
हाँ! मैं अपसकुन मानती हूँ
मशीनों का उपयोग बढ़ना
महफ़िलों का अदृश्य होना
परिवार का छोटा होना
बच्चों का खामोश रहना
हाँ! मैं अपसकुन मानती हूँ

विद्यार्थियों का निश्चिंत सोना
न्याय, धर्म का अलग होना
हवा, पानी का दूषित होना
नैसर्गिकता का विलीन होना
हाँ! मैं अपसकुन मानती हूँ...

14. जरूरी है

जानना जरूरी है
मुस्कुराहट के पीछे की मायूसी
आँखों में छिपे आंसुओं की वजह
जहन में छिपी उम्मीद को
बाहर निकालना जरूरी है
खुद को दूसरों से मिलाने से पहले,
खुद का खुद से मिलना जरूरी है
जानना जरूरी है......
किसी के लिए 'बहुत कुछ'
तो किसी के लिए 'कुछ नहीं'
पर 'कुछ'
इस कुछ के पीछे छिपे
अस्तित्व को पहचानना जरूरी है
खूबियां भी और कमियां भी
दोनों को गले लगाना जरूरी है
जानना जरूरी है....
चाहे हो कदमों की ठिठकन
या फिर हाथों की कपकपाहट
सहमी निगाहों का सच
या हो माथे की सिकन
औरों को जानने से पहले
खुद को समझना जरूरी है
कोई साथ दें या न दें तुम्हारा
तुम्हारा, तुम्हारें साथ रहना जरूरी है

मौन के स्वर

जानना जरूरी है....

15. कान्हा मेरे

कहो कौनसा रूप दूँ कान्हा
मुझको किसमें रंगना है
धूल बनाओ या टीका
बस तुझमें ही रहना है
रक्षक हो तुम भाई के जैसे
मुझें सम्मान पिता-सा करना है
प्रीतम जैसा इश्क़ भी करके
हर क्षण तुम्हें निहारना है
सखा बनाकर तुमको कान्हा
दिल का हाल बताना है
लड़-झगड़कर खेल रचाकर
मनना और मनाना है
आराध्य बनाकर मंदिर जाकर
ध्यान तुम्हारा करना है
गुरु बनकर तुमको कान्हा
मार्ग मुझे दिखलाना है
बेटी, बहन, , सखी
मुझको तुममें रहना है
कहो कन्हैया कुछ तों बोलो
तुम्हें कौनसे रंग में रंगना है

16. प्रेम

सिर्फ
देह प्राप्ति की
"औपचारिकतायें है

I love you" तथा
चाँद तारों के किस्से ;

"प्रेम, इन सब से ऊपर
विराजमान है,
अपने ख़ामोशी के
सिंहासन पर,
अपने "प्रिय
की, मुस्कान
की प्रतीक्षा में...

त्याग" की सीमाएं
जिसकी मृत्यु" तक को
विचलित कर देती है

और वो बैठा रहता है
विश्वास का "दीप
जलाये,
अपने ह्रदय के, ज्वार भाटे"
को समेटे..

मीनू गुप्ता

शिशु सी
सरलता" लिए

अनंतकाल तक
अपने "ईश्वर की
उपासना" में

17. ईश्वर और प्रेम

तुम्हें क्या लगता है
राम, कृष्ण
रावण, कंस वध
के लिए
अवतरित हुए थे
क्या अधर्म में इतनी शक्ति है
कि वो ईश्वर को विवश कर सकें??
ये शौर्य तो बस
प्रेम के भीतर ही बसता है
ईश्वर जानता था
प्रेम को जीना
ईश्वर होनें से
कहीं ज्यादा बड़ी बात है
राधा संग रास
और
सीता के लिए सेतु
बनाने के समक्ष
उसनें अपना
ईश्वर होना छोड़ दिया!!

18. पाती प्रेम की

सुन मेरी, ओ प्यारी पाती
मेरा इतना काम करेगी क्या
कह न पाई जो अब तक मैं
तू जाकर उनसे कहेगी क्या
दे दूं तुझको पवन पंख गर
उनके निकट गिरेगी क्या
प्रेम की धंरु सौगंध तुझे गर
प्रेम की लाज रखेगी क्या
कहती हूँ हर बात तुझी से
तुम जाकर उनसे कह देना
न भी पूछे हाल मेरा वो
तुम फिर भी उन्हें बता देना
मन के मेरे एहसासों को
शब्द सहित समझा देना
विवश मेरी जीव्हा की उलझन
इक इक कर तुम पढ़ देना
कह देना वो ह्रदय वेदना
व्याकुल चित बतला देना
कहना उनको कोई कृष्ण तुम
और राधा मुझे बना देना
प्रेम निवेदन को तू पाती
अनुरक्त प्रेम को दे देना
प्रतिउत्तर की बाट जोहते
अनुरोध नेत्र का कर देना

सुन मेरी ओ प्यारी पाती
मेरा इतना काम करेगी क्या
सखी तुझे माना है मैंने
दूत मेरी तू बनेगी क्या...?

19. चाहत

जब जब कोई फूल
सुन्दर लगें तुम्हें
तुम थोड़ा अधिक पानी
उसे देना
जब जब कोई पंछी
प्यारा लगें तुम्हें
तुम थोड़े अधिक दाने
उसे डाल देना
ताकि
तुम्हारा
सुन्दर और प्यारा लगना
उन्हें भी
सुन्दर और प्यारा लगें!

20. नेह

याचना नेह की कर रहा है
जगत
तनिक प्रेम,
यश समृद्धि पाने को
करता जतन
प्रयास उसका क्षण-विक्षण
इक नया आयाम है
भविष्य के उत्थान का
इक नया आगाज़ है
मधुस्वप्न की लालसा
अब
उसकी नभ उड़ान है
मुश्किलें हो चूर जिससे
वो कोई चट्टान है
लेकिन,
उत्थान में उठा कदम
पहुंचता पतन की ओर
हो गया फिर हृदय द्रवित
हो गया मनुज विकल
नेह को पाने को अब
नेह की दरकार है
नेह का अभाव है
नेह की ही आस है
याचना नेह की कर रहा है

मीनू गुप्ता

जगत
तनिक प्रेम,
यश समृद्धि पाने को
करता जतन

21. असमंजस

वो चेहरा जो सामने है नज़रों के
या वो जो पीछे है पीठ के
कौन है सच
असमंजस दूर करो!!
वो जो लिखा है किताबों में
या वो जो सिखाती है जिंदगी
क्या है ज्ञान
असमंजस दूर करो!!
वो दुःख जो मिटा दे भेदभाव
या वो सुख जो सुखा दे करुणा भाव
क्या है भला
असमंजस दूर करो!!
वो धर्म जिसपे न्योछावर हो जिंदगी
या वो जिंदगी चुने जो जिंदगी
क्या है उचित
असमंजस दूर करो!!

22. देखो तों सही

उकेरती है दुनिया मुझें, एबों की नक्काशी में
कभी तों तुम मुझें ‘मैं’ समझ देखो तों सही
खूबसूरती की दौड़ में दौड़ रहा है ज़माना
तुम मेरी सादगी में उलझकर, कभी तो देखो तो सही
यूँ तों बहुत सुने किस्से इजहार और इनकार के
कभी बिन इजहार ही इकरार करके देखो तों सही
रस्में रीवायते बदलती है यहाँ, किरदार के मुताबिक
रस्मों से परे मोहब्बत कभी करके देखो तों सही
ढाला है कितनी दफा अपनी पसंद के सांचे में मुझें
मेरे आसमां में कभी आजाद उड़कर देखो तों सही
वक़्त मुलाक़ात का न पूछा करो यूँ बार- बार
कभी तो यादों की गहराई को परखकर देखो तो सही

23. तुम बन जाना

अगर लगे कभी तुम्हें कि
बुरी है ये दुनिया
तुम अच्छे बन जाना
साथ न दे जब कोई तुम्हारा
तुम किसी के साथी बन जाना
आँसू बहते हो तुम्हारें अगर
तो कांधा बन जाना
भटके मुसाफिर का तुम
ठिकाना बन जाना
ख्वाहिश ख़ुश रहने की हो
तो हंसी बन जाना
तोड़ा हो किसी ने भरोसा अगर
तुम किसी का शृंगार बन जाना
नहीं भाता तुम्हें
जब दुखाये कोई तुम्हारा दिल अगर
तुम किसी की वफ़ा बन जाना
शिकायतें गिराने वालों से हो
तो तुम उठाने वाले बन जाना
फरेबियों से रखते हो दूरी अगर
कोई सच्चा तुम बनके दिखाना
नहीं पसन्द तुम्हें मजाक बनना
तो किसी का तुम मजाक मत बनाना
चाहते हो जैसा सबको
तुम खुद वैसा बनके दिखाना

मीनू गुप्ता

तलाश रह गई अधूरी तुम्हारी
तुम किसी की मंजिल बन जाना

24. काश! ऐसा सच में हो जाता

काश! ऐसा सच में हो जाता
जो जिसके बारे में जैसा सोचता
सामने वाला भी ठीक वैसे ही सोच पाता
एक तरफा प्यार तब इश्क़ में बदल जाता
और फरेबों के हिस्से में फरेब ही आता
ना होता किसी पर
मासूमियत पर भरोसा हो जाता
सच मिलता सच से
झूठ, झूठ से मिल जाता
जो जैसा है दुनिया में
उसको उसके जैसा मिल जाता
काश! ऐसा सच में हो जाता
जो जिसके बारे में जैसा सोचता
सामने वाला भी ठीक वैसे ही सोच पाता

25. मशवरा-ऐ-मोहब्बत

जिसकी मंजिल की खबर न हो
उस राह पर चलना ठीक नहीं
टूटना है शीशे की किस्मत,
पत्थर से यारी ठीक नहीं
मिट्टी के हो तो बह जाओगे,
न जाने कहाँ तुम खो जाओगे
वादे, कसमें जनम जनम की,
इक रोज तुम तन्हा रह जाओगे
फ़िज़ूल नहीं है इश्क़ ये माना
पर फ़िज़ूल ही करना ठीक नहीं
माना मरना है इक दिन ही
पर फ़िज़ूल ही मरना ठीक नहीं
मीठे ख़्वाबों का ख्याल, मोहब्बत
यूँ हक़ीक़त से मुकरना ठीक नहीं
तय हो बिछड़न यदि किसी से
फिर उनसे मिलना ठीक नहीं
जिसकी मंजिल की खबर न हो
उस राह पर चलना ठीक नहीं
टूटना है शीशे की किस्मत
पत्थर से यारी ठीक नहीं।

26. तालीम

जमाना मासूमियत का गया अब
तुम्हें चालाकियां सीखनी चाहिये
ये जो इश्क़-इश्क़ की रटन लगाये फिरती हो
तुम्हें शायद परिभाषा दगाबाज़ी की पढ़नी चाहिए
वफ़ा, सच्चाई, ईमानदारी रुख़सत हो चले है जहान से
अब तुम्हें गुर बेपरवाही के सीखने चाहिए
और ये जो आदत है न तुम्हारी भरोसा करने की
लगता है तुम्हें इसकी सजा मिलनी चाहिए
पक जाती है तारीफ़ अक्सर मतलब की आग पर
चूल्हे और लकड़ी की तुम्हें फितरत परखनी चाहिए
षणयन्त्रों की बारिश हो रही है रिश्तों के आसमान से
चौकसी अब तुम्हें अपने स्वाभिमान की करनी चाहिए
वक़्त खुद साथ छोड़ रहा है वक़्त का अब
खुदगर्जी तुम्हें ये वक़्त से सीखनी चाहिए
किताबों का मामला किताबों तक ही रहने दो
तालीम जमाने में रहने की तुम्हें जमाने से ही सीखनी चाहिए

27. इक नन्हीं चुहियां

मेरे कमरे के किसी कोने मे इक नटखट चुहियां रहती है।
नाम पता मालूम नहीं बस मेरे साथ वो रहती है।।
सूरत सें वो भोली-भाली आँखे जरा शैतानी है।
है तो वो सब चुहियों के जैसी पर उसकी अलग कहानी है।।
कभी इधर तो कभी उधर दिन भर वो शोर मचाती है।
आधी-आधी रात को मुझे अपनी शरारतों सें डराती है।।
चुपके सें छूकर पैर मेरे वो बिल मे जाकर छिप जाती है।
सहमी सी वो वही सें फिर हौले सें मुझे ताकती है।।
जरा थम कर निडर सी वो फिर हवाओं मे दुम हिलाती है।
मानो मेरी हार पर जैसे बार-बार चिढ़ाती है।।
नज़रअंदाजी उसे मेरी तनिक भी ना भाती है।
मेज पर चढ़कर पेन गिराकर अपनी ताकत का नमूना दिखाती है।।
यूँ ही उठा-पटक मे वो मेरा सारा दिन ले जाती है।
अपने अनकहे अंदाज मे वो मेरा तन्हा दिल बहलाती है।।
है तो वो नन्ही-सी चुहिया पर मुझे पहेली लगती है।
इस बेगानी दुनिया मे कोई पुरानी सहेली लगती है।।
बेज़ुबान ये दोस्त मेरी कई प्रश्न मुझे दे जाती है।
अपने मासूम इशारो मे हर रोज मुझे उलझाती है।।
चुहियां ही तो है वो इक चुहि ऐसी नहीं होती है।
अंजानी सी दुनिया मे कोई बात बिन मतलब नहीं होती है।।

28. गज़ल

अंजुमन में सांसो के जिंदिगी न गुज़ारो
वजूद-ऐ-अदम को कुछ नाम दे डालो
कैफियत में किसकी गुज़रती है रातें
वक़्त की खफत है इसे खत्म कर डालो
खड़े है सदी से सवालों-ओ-शिकायतें अड़े
जबाबों का तरीका कोई इजाद कर डालो
बंद करो यूँ बरसाना अश्कों को यूँ हर दफा
शौक हो बरसने का तो बहार बन जाओ
कहते हो तुम भी तो नया क्या है जमाने से
बात हो तुम में कोई तो अफसाना बना डालो

29. ख्वाबों की महफ़िल

रात की एक चादर ओढ़े, बैठे थे कुछ ख्वाब अकेले
कुछ उलझें से कुछ तन्हा से, पर वे सब थे निपट अकेले
कुछ मेले में तन्हा थे तो कुछ साथ लिए थे मेले
दुनिया के मेले में ये थे, एहसासों के चंद झमेले
बात न जो कुछ करते थे, खोये खोये रहते थे
कुछ खुद में तो कुछ औरों में यूँ ही डूबे रहते थे
बेचैनी खुशियों की होती, तब अश्क़ सहारा बन जाते
तड़प धरा की सुनकर जैसे भीगे मेघ बरस जाते
अनकहा सा शोर दबोचे, गलियों में जो भटकते थे
दिखते थे जो बेज़ुबान, वो चीखते-चिल्लाते थे
पल में रोना, पल में हँसना, यादें याद दिला जाती
रोने हंसने, हंसने रोने में रात यूँ ही गुज़र जाती
नींद की वो निशा भी तब, बेनिशान हो जाती थी
ख्वाबों की महफ़िल की खातिर, इक रात फना हो जाती थी

30. लड़कियां...

बेवफा नहीं जरा मासूम-सी होती है ये लड़कियां
परिवार की इज्जत के लिए दिल अपना भी तोड़ती है ये लड़कियां
माना कि छोटी-छोटी बात पर रों देती है ये लड़कियां
हाँ!थोड़ी पागल है भावनाओं में बह जाती है ये लड़कियां
माँ का खून पिता के ह्रदय से बनाई मूरत होती है ये लड़कियां
परिवार के शान और सम्मान की सूरत होती है ये लड़कियां
प्रतीक नहीं किसी कमजोरी का, बस मर्यादित होती है ये लड़कियां
मत मापो इन्हे चंद लहू के कतरो से ह्रदय में गीता और कुरान रखती है ये लड़कियां
गौरा सी सौम्य और काली का प्रचंड स्वरुप होती है ये लड़कियां
अपशब्दों में जो आ जाती है बार-बार माँ हो या बहन दोनों लड़की ही होती है ये लड़कियां
भले ही अपना लें शृंगार तुम्हारी खुशी की खातिर, पर चाहो तुम उन्हें उनकी सीरत से जैसी ख्वाहिश भी रखती है ये लड़कियां
पैसे, एहसान, मेहरबानी, दया नहीं बस इक साथ सच्चा-सा चाहती है ये लड़कियां
यकीन नहीं करती किसी अजनबी पर जल्द ही, धोके से घबराती है ये लड़कियां
भोली सूरत में छिपे में छिपे दैत्य के चंगुल से बचना चाहती है ये लड़कियां
यूँ तो घृणा नहीं इन्हे किसी पुरुष समाज से क्योंकि पिता और भाई पर जान छिड़कती है ये लड़कियां
बस कुछ घृणित कुकृत्यों का भाग बनने से डरती है ये लड़कियां
बेवफा नहीं जरा मासूम सी होती है ये लड़कियां

31. भूख

पेट की जलती आग को
बुझाने
चंद निवाले की आस में
वो कनखियों से झाँकते
दो नयन
जानते है कि-
उस विलायती कुत्ते का
भाग्य,
उसकी किस्मत पर भारी है
अतः वो अपने काश में
खुद को कुत्ता
समझना चाहते है!!

32. अवसाद

अवसादी,,
डरता वो भी है
मृत्यु से
ढूंढ़ रहा होता है
जिस वक़्त वो रस्सी
मजबूत तो है ना
देखता है जब वो
ऊँची बिल्डिंग
छोटी तो नहीं है
खरीदता है जब वो
नशीला जहर
असर तो होगा न
बहुत सोचता है वो
लड़खड़ाने है कदम
उसके भी
कांपती है रूह
उसकी भी
बहाती है अश्क़ आँखे
उसकी भी
परन्तु,
फिर
जीवन का डर
मृत्यु के डर पर
हावी हो जाता है

मीनू गुप्ता

और फिर
आखिर में
चल देता है वो
अपने सुकून के पथ पर!!!

33. अपना-अपना

सबकी अपनी मंजिल है, साहब
सूरत की नज़र
सीरत की रूह
सबकी अपनी भूख है, साहब
उदर में आहार
मस्तिष्क में विचार
सबका अपना सफर है, साहब
नदी का सिंधु
जीवन का मृत्यु
सबका अपना नशा है, साहब
किसी का प्यार
किसी का ज़ाम
सबकी अपनी भाषा है, साहब
किसी के शब्द
किसी का मौन
सबकी अपनी कमाई है, साहब
किसी का धन
किसी का मन

34. सिपाही

सारी प्रतिमाएँ
मंदिरों में नहीं बैठती
कुछ जीवन्त होकर
बेधड़क भागती है चट्टानों पर
माइनस डिग्री तापमान पर
गिरती बर्फ को देती है चुनौतियाँ
रेगिस्तान की गर्म धूप में
सूरज से करती है सामना
कांधे पर राइफल टांगे खड़ी हो जाती है
शत्रुओं के समक्ष
हमारे रक्षण के लिए
"यकीनन, वो देव ही होते होंगे
यूँ बेवजह किसी की खातिर अपनी जान देनें का जज़्बा
किसी मनुष्य में तो नहीं होता!"
सारी प्रतिमाएं मंदिर में बैठ अपनी
आरती नहीं करवाती
कुछ सरहद पर होती है खड़ी
अमर होने के लिए!!

35. कथन

- धन कमाकर आप धनवान बन सकते है, अमीर नहीं क्योंकि उसके लिए आपकों प्रेम और दुआओं की आवश्यकता होगी।
- गलती न होनें पर भी गलती स्वीकार करना, गलती का ही पर्याय है।
- अपमानित आराम से प्रतिष्ठित परिश्रम श्रेष्ठ होता है।
- अधिलाभ है अच्छाइयाँ, गंत्वय तक पहुंचने के लिए गुणों का होना भी आवश्यक है।
- पीठ पीछे की गई बुराई, सामने की जाने वाली तारीफों के मायने कहो देती है।
- मुश्किलें जिंदिगी का बेहतरीन तोहफ़ा है।
- शत्रु का शत्रु मित्र नहीं मतलब होता है।
- अगर दुनिया के मात्र दुःखी लोग ही दुःखी लोगों का दर्द समझने लगें, तब भी दुनिया का आधे से ज्यादा दुःख कम हो जाएगा।
- आत्मसम्मान, अस्तित्व की आत्मा है।
- जहाँ पर अन्य किसी का उदाहरण देनें की आवश्यकता पड़े, उस विषय पर अधिक नहीं बोलना चाहिए।
- ज्ञान, कहने सुनने से अधिक आत्मसात का विषय है।

www.ingramcontent.com/pod-product-compliance
Lightning Source LLC
LaVergne TN
LVHW041715060526
838201LV00043B/738
* 9 7 9 8 8 8 8 3 3 0 1 7 3 *